Nazm-E-Ashaar

नज़्म-ए-अशआर

Vol. 1: The Awakening | भाग १: जागृति

A Trilingual Awakening Journey through Modern Indian Poetry and Wisdom Couplets in Hindi, Urdu, and English

Ashaar Ali

BookLeaf Publishing
India | USA | UK

Made with ❤ on the BookLeaf Publishing Platform
www.bookleafpub.in
www.bookleafpub.com

Dedication

नज़्म-ए-अशआर

भाग १: जागृति

To the **One** who created thoughts before words,
and gave silence the courage to speak.

To the **eternal rhythm** behind every verse,
whose silence taught me what words could never say

To **Womanhood**, the living poem of grace and strength,
where compassion meets courage, and creation finds meaning.

To **Mother**, the first heartbeat of love,
whose prayers outlive time.

To my **Motherland**, whose soil holds dreams and sacrifices alike,
and whose spirit reminds me that poetry, too, can serve.

To the **Constitution of India**,
the living scripture that guards our voices, dreams, and dignity.

To my **Father and Family**, for listening and being the
unseen verses that complete my poem,
their patience is the ink behind every line I wrote.

To **Wisdom**, the lamp that refuses to dim,
guiding the seeker within every poet.

And to **every soul** that still believes,
poetry can heal what time forgets.

I have dedicated my poetry to each of the above,
and you'll find this unveiled as you turn the pages ahead.

स्वयं मैं, अशआर, आपका स्वागत और इस्तकबाल करता हूँ...
इस यात्रा में, इस सफर में।

हर कविता, हर नज़्म, एक हल्की सी चुटकी है...
एक छोटी-सी झलक, एक एहसास... एक कोशिश सब को जागृत करने के लिए।

इसी हल्की सी चुटकी के अनुभव से मैंने इन कविताओं को नाम दिया है – Pinch 1, Pinch 2, Pinch 3....
ये पहला संस्करण है: **जागृति – The Awakening**...
और यही मेरा निमंत्रण है...

चलिए... इस सफर में कदम रखें,
जहाँ...
शब्द केवल शब्द नहीं,
बल्कि एक अनुभव,
एक एहसास हैं।

आइए... मेरे साथ!

Preface

Nazm-E-Ashaar was never meant to be a book. It was a quiet rebellion of thoughts, moments scribbled between faith and doubt, love and logic, pain and patience. Over time, those fragments began to speak to each other, forming verses that felt alive.

This collection is not about perfection of rhyme; it is about reflection of truth. Every nazm carries a pulse, some beat with hope, others breathe with questions. Together, they mirror the journey of a heart that keeps learning to trust, to think, and to surrender.

I have written these lines not to preach, but to remind that even in chaos, there is meaning. That purity, though unreachable, is still worth chasing. And that words, when spoken with purpose, can build worlds gentler than reality.

If you find even one line that pauses your thoughts or stirs your conscience, then *Nazm-E-Ashaar* has fulfilled its purpose.

This collection unfolds in three sequels, each echoing a distinct phase of consciousness:

Volume 1: The Awakening [भाग १: जागृति]
Volume 2: The Reflection [भाग २: प्रतिबिम्ब]
Volume 3: The Revelation [भाग ३: इन्किशाफ़]

Each part carries a fragment of what I have dedicated this work to: God, womanhood, motherhood, my family, my motherland, the Constitution, and wisdom itself. Together, they form the essence of *Nazm-E-Ashaar*, a journey from thought to faith, from question to clarity.

May every reader find within these pages a reflection of their own awakening, and perhaps a quiet revelation waiting to be heard.

अनुक्रमणिका / उनवानात

- **इस्तिक़बाल**
    - **Pinch 1:**
        - ये जश्न का आग़ाज़ है
        - The Celebration Begins

- **हिन्दी**
    - **Pinch 2:**
        - तू रावण है
        - The Ravan Inside
    - **Pinch 3:**
        - मैं....अपना मत रखता हूं।
        - I...Cast My Vote
    - **Pinch 4:**
        - वो नारी है

- **हिंदवी [उर्दू]**
    - **Pinch 5:**
        - इंसानों में शामिल तुम हो
        - Among the Humans, You Belong
    - **Pinch 6:**
        - मुझे कभी कुछ कहा नहीं
        - Yet Never Spoke at All
    - **Pinch 7:**
        - समझ नहीं आता
        - I Fail to Understand

- **नज़्म**
    - **Pinch 8:**
        - ये बड़े नसीब की बात है!!
        - It's a Blessing Beyond Measure
    - **Pinch 9:**
        - "माँ" कौन है?
        - Who is a "Mother"?
    - **Pinch 10:**
        - आख़िर क्या है...
        - What Is It, After All...

- **कुछ ज़हीन "अशआर"**
    - **Pinch 11**:
        - [Wisdom Couplets]

- **जज़्बा -ए -हिन्द**
    - **Pinch 12**: भारत माँ - कहना बहुत ज़रूरी है!
    - **Pinch 13:**
        - हिंदी सबकी साथी है
        - Hindi – The Companion of All
    - **Pinch 14:** भारत का वो संविधान है

- **हिंदवी [उर्दू]**
    - **Pinch 15**: अशआर और अर्शान
    - **Pinch 16:** कहीं का ना छोड़ा
    - **Pinch 17:** निकहत
    - **Pinch 18:** मेरा वक़ार
    - **Pinch 19:** ये कैसी कोशिश है
    - **Pinch 20:** खिलखिला रहा हूं मैं
    - **Pinch 21:** नज़रें मिलाया करो

Acknowledgements

हर यात्रा की तरह, इस सफर का भी एक ठहराव होगा
पर ये अंत नहीं... बस एक विराम होगा।
तब मिलते हैं अगले संस्करण में
नज़्म-ए-अशआर [प्रतिबिंब | The Reflection],

जहाँ...
जागृति आईने में खुद को देखेगी,
और हर कविता, एक उत्तर बन जाएगी।
उसके बाद...
तीसरी कड़ी होगी
नज़्म-ए-अशआर [इन्किशाफ़ | The Revelation],

जहाँ...
सारा मौन बोल उठेगा,
और
हर शब्द, अपने मायने पा लेगा
तब तक...

पढ़ते रहिए, सोचते रहिए,
और सबसे ज़रूरी...
महसूस करते रहिए।
– अशआर अली

Pinch 1.

ये जश्न का आग़ाज़ है

ये और बात है कि रंग है चढ़ा हुआ,
ये और बात है कि मंच है सजा हुआ,
फिर क्यों दिलों में हिचकिचाहटों का इतना वास है,
ये जश्न का आग़ाज़ है,
ये जश्न का आग़ाज़ है

The Celebration Begins

Perhaps it's true, the colors gleam,
Perhaps the stage now shines, supreme,
Then why do hearts still hide their pause,
This is the celebration's cause,
This is the celebration's cause

अशआर अली

Pinch 2.

हिन्दी
तू रावण है

तुझमें बुद्धि, भक्ति, शक्ति है,
तो सचमुच तू मनभावन है,
पर संग इसी के अहम् भी है,
तो निश्चित ही तू रावण है।

तू वेदों से विद्वान् है,
रखता हर क्षण का भान है,
तुझमें अति-उत्तम ज्ञान है,
तो निर्मल तेरा जीवन है,

पर क्रोध पे वश नहीं जो तेरा,
तो निश्चित ही तू रावण है

तू निपुण भी है, तू चतुर भी है,
अपनी वाणी से तू मधुर भी है,
तो सत्ता का तू दर्पण है,
पर यदि है तू हिंसा का प्रचारक,
तो निश्चित ही तू रावण है।

तू समाज का सेवक है या,
तू समाज का शासक है,
यह निर्णय तेरा वर्णन है,
पर तू अनंत का मोह लिए तो,
निश्चित ही तू रावण है |

The Ravan Inside

You hold great wisdom, faith, and might,
Your brilliance glows, your thoughts are bright,
But if your pride you cannot hide,
Then truly, you are Ravan inside.

You know the Vedas, vast and wide,
Each moment's truth you do not slide,
But if your anger will not subside,
Then truly, you are Ravan inside.

You are skilled, and clever too,
Your words are sweet, your aims seem true,
A mirror of power, yet cruel in stride,
Then truly, you are Ravan inside.

You serve the world, or rule its way,
Your choices shape what you convey,
But if desire of infinity becomes your guide,
Then truly, you are Ravan inside.

अशआर अली

Pinch 3.

मैं....अपना मत रखता हूं।

निष्ठा से, अभिमान से,
गर्व से, गुमान से,
मैं ये चाहत रखता हूं
संपूर्ण समाज की प्रगति हेतु,
मैं....अपना मत रखता हूं।

सोचता हूं, मैं पूछता हूं,
सब सुनता हूं, सब सहता हूं,
पर चुनने की ताक़त रखता हूं
फिर योगदान में, इत्मीनान से
मैं....अपना मत रखता हूं।

दौड़-भाग में, काम-काज में,
गुज़र-बसर में, अगर-मगर में,
इतनी तो फुर्सत रखता हूं,
के ज़िम्मेदार हूं, अधिकार से,
मैं.... अपना मत रखता हूं।

हर एक मत अमूल्य है, मतदान सम्मान है,
मैं हूं, इसकी पहचान है,
मैं तो ये नीयत रखता हूं,
के मतभेद मत रहें कहीं पर,
मैं.... अपना मत रखता हूं।

विनती-वादे सुनता हूं, मैं दावे सबके लिखता हूं,
मैं हूं समाज का हिस्सा लेकिन
निर्णय व्यक्तिगत रखता हूं,
फिर सोच-समझ कर, जांच-परख कर,
मैं.... अपना मत रखता हूं।

संपूर्ण, सशक्त, सुरक्षित, सक्षम,
सर पर अपने रातों दिन,
प्रशासन की छत रखता हूं,
के तब भी हक़ ये रखता था,
अब भी हक़ ये रखता हूं,
के जब भी रखता हूं हक़ से ही,
मैं.... अपना मत रखता हूं।।

अशआर अली

Pinch 3.

I...Cast My Vote

With dedication, pride, and zeal,
With honor, confidence, and feel,
I hold this wish, my heart devote,
For the progress of all society,
I...cast my vote.

I think, I ask, I listen well,
I hear it all, and bear the spell,
Yet I hold the strength, my choice I tote,
Then contribute with calm and care,
I...cast my vote.

In the rush, the toil, the daily grind,
Amidst the "if"s and "but"s I find,
I still retain my voice afloat,
To claim my duty and responsibility,
I...cast my vote.

Each vote is priceless, each ballot a sign,
I am its witness, its design,
I pledge my will, my thoughts I wrote,
That division finds no place,
I...cast my vote.

I hear the promises, record the claims,
I am part of society, yet it remains,
The final say I keep remote,
After thought, after scrutiny,
I...cast my vote.

For a society strong, secure, capable,
With governance guided, just and stable,
I oversee its path, my duty to promote,
In every year, on every call,
I...cast my vote.

अशआर अली

Pinch 4.

वो नारी है

वो सावित्री है, वो सीता है, वो द्रौपदी है, गांधारी है
वो लक्ष्मी है, माँ काली है, वो दुर्गा है, वो नारी है
वो सुंदर है, वो कोमल है, पर हर विपदा पर भारी है
वो भक्ति है, वो शक्ति है, वो हिम्मत है, वो नारी है

उससे ही घर मे बरकत है, उसके चरणों में जन्नत है,
वो प्रार्थना है, वो मन्नत है, वो प्रेरणा है, वो क़िस्मत है,
वो सम्पूर्ण है, सशक्त है, वो सक्षम है, गुणकारी है
वो ममता है, वो करुणा है, वो प्रेम है, वो नारी है

वो निर्माण है, विनाश भी, गर ख़ुश है वो, तो हताश भी,
वो संघर्षों के अंधियारों में, उम्मीदों का प्रकाश भी,
वर्चस्व के इस द्वंद्व में, अब उसकी ही बारी है,
जो समाज का मूल है, निश्चित ही वो नारी है

वो अपनेपन की परिभाषा है, नव-युग की एक आशा है,
हर ग़म को मधुर बनाती उसकी भी अपनी अभिलाषा है
समाज की धरोहर है, हम सबकी ज़िम्मेदारी है,
जो दुःख सहके सुख देती है, निश्चित ही वो नारी है।

जो दिशा भी है, दया भी है, जो दर्द है गर तो दवा भी है,
ये हृदय उसकी इन शक्ति का शत-शत आभारी है,
जो साथ चले बनके साया,
हाँ, केवल वो नारी है।।

अशआर अली

Pinch 5.

हिंदवी [उर्दू]

इंसानों में शामिल तुम हो

क़ाबिल मैं हूँ, क़ाबिल तुम हो,
अपनी कमियों से कामिल तुम हो,

बुलंद इंतेहा को पाकर भी,
इंसानों में शामिल तुम हो

ज़हन-ओ-शऊर के बर-ए-कार से,
हक़ भी तुम हो, बातिल तुम हो,

रब रचना के उन्वानों मे
शाहकारी का हासिल तुम हो,

तुम से है रौशन हर मंज़र,
जश्न-ए-रब की महफ़िल तुम हो,

तुम यलिद हो, तुम वलद हो,
तुम्हीं अमल हो, आमिल तुम हो,

तुम्हीं पहल हो, तुम्हीं सिफ़र हो,
तुम ही हो हल, और मुश्किल तुम हो,

तुम ही अदालत, तुम ही फ़ैसला,
सफ़र भी तुम हो, मंज़िल तुम हो,

तुम्हीं गूँज हो, तुम सन्नाटा,
तुम्हीं हो तन्हा, महफ़िल तुम हो,

तुम ही भटकते हुए मुसाफिर,
कभी मुक़ीम हो,राहिल तुम हो,

तुम्हीं सज़ा हो, तुम ही हो माफ़ी,
तुम्ही हो आसां, मुश्किल तुम हो,

तुम सिफ़र हो, तुम हो फ़ानी
तुम भंवर हो, तुम रवानी,
तुम हो क़तरा, तुम समंदर,
मँझधार तुम्ही हो, साहिल तुम हो

तुम हक़ीक़त, तुम छलावा,
तुम हो पर्दा, तुम दिखावा,
तुम सलीक़ा, तुम तमाशा,
तुम हो नुक़्साँ, तुम मुनाफ़ा,
तुम्हीं रज़ा हो, तुम्हीं ख़ता हो,
वासिल तुम हो, फ़ासिल तुम हो,

क़ाबिल मैं हूँ, क़ाबिल तुम हो,
इंसानों में शामिल तुम हो |

अशआर अली

Pinch 5.

Among the Humans, You Belong

I am capable, and so are you,
Perfected through flaws, your worth shines through.

Even upon reaching heights untold,
Among humans, your place takes hold.

By the measure of mind and conscious sight,
You are both right and wrong, both dark and light.

In the titles of God's grand design,
You are the masterpiece, the ultimate sign.

Every scene is brightened by your grace,
You are the celebration in the Divine's embrace.

You are the beginning, you are the end,
You are the action, the force to defend.

You are the cause, you are zero too,
You are the solution, the challenge true.

You are the court, you are the decree,
You are the journey, you are the destiny.

You are the echo, you are the silence wide,
You are the solitude, yet the gathering beside.

You are the wandering traveler in life's endless lane,
Sometimes the resident, sometimes departing again.

You are the punishment, you are the forgiveness bestowed,
You are the easy path, you are the road less known.

You are zero, you are mortal,
You are the whirlpool, you are the portal.
You are the drop, you are the sea,
You are the current, and the shore to be.

You are reality, you are disguise,
You are the veil before the eyes.
You are grace, you are display,

You are the loss, the gain, the way.
You are the will, you are the flaw,
You are the bridge, you are the draw.

I am capable, and so are you,
Among humans, your place is true.

अशआर अली

Pinch 6.

मुझे कभी कुछ कहा नहीं

हर पल बेबस थी आँखें, पर आंसू एक भी बहा नहीं,
हाथ मेरा थामे रखा पर, मुझे कभी कुछ कहा नहीं,

सिफ़त-ए-सब्र अता की इतनी, गिला अब कोई रहा नहीं,
सब देकर दिल जीत लिया, मुझे कभी कुछ कहा नहीं,

चोट चुभन कचोट कसक, दर्द तो फिर भी दिया नहीं,
चुप से हर रहमत दे डाली, मुझे कभी कुछ कहा नहीं,

कहीं तो उलझन होगी उसको, यहाँ सही गर वहाँ नहीं,
सब कुछ करके देख लिया, मुझे कभी कुछ कहा नहीं,

Yet Never Spoke at All

Every moment my eyes seemed small,
You held my hand so gently, yet never spoke at all.

Blessed with patience through it all,
You gave your heart, yet never spoke at all.

Through wounds and pain that could enthrall,
Every mercy quietly given, yet never spoke at all.

Perhaps some struggle made you stall,
Tried everything to understand, yet never spoke at all.
अशआर अली

Pinch 7.

समझ नहीं आता

चाहूँ समझना तुझ को गर, समझ नहीं आता,
इतना समझ में आया पर, समझ नहीं आता

मेरी तुम्हारी सोचने की सिम्त एक है,
फिर फ़र्क़ ये है अब किधर, समझ नहीं आता,

क्यों भार दिल में है और मन उदास है,
ये जानता हूँ मैं मगर, समझ नहीं आता,

तेरे ही "कुन" से पायी रूह भी वुजूद ने,
ये मान भी ले दिल अगर, समझ नहीं आता,

जब मिलना तेरा वक़्त-ए-दायरे के बाद है,
तो क्यों मैं काटूँ ये उमर, समझ नहीं आता,

मेरी नज़र में चल रहा हूं मैं सही क़दम,
क्या कहती है तेरी नज़र, समझ नहीं आता

कभी यकीं की रौशनी में ढूंढता तुझे,
कभी तलब में हूं बिखर, समझ नहीं आता

जब कुछ न था मैं, कितने इत्मीनान में रहा,
अब हो गया तो इस क़दर, समझ नहीं आता,

हर शय में झलकता है तू पर्दा-नशीन सा,
मैं ढूंढता इधर-उधर, समझ नहीं आता,

कायनात की कशीदाकारी का ये फ़न
मैं दंग, देखता जिधर, समझ नहीं आता,

क़ुदसियत की इंतेहा का तू मुक़ाम है,
क्या बेमिसाल है हुनर, समझ नहीं आता

इतनी हिदायतों पे भी, न पहुंचा तुझ तलक,
क्या चाहिए मुझको बशर, समझ नहीं आता

क्या ख़ुद को ढूंढता हूँ ख़ुदा की तलाश में,
मैं कौन हूँ, कैसा ये सफ़र, समझ नहीं आता।

अशआर अली

Pinch 7.

I Fail to Understand

If I try to fathom You, I fail to understand
The only thing I could understand is that, I fail to understand

Our thoughts seems aligned along the same strand
Yet where this difference blooms, I fail to understand

Why this heart feels burdened, why the mind feels end
I know the reason deep within, yet I fail to understand

From Your one word "Be," my soul took its stand
Even if I accept this truth, I fail to understand

If meeting You lies beyond time's command
Then why must I spend this life, I fail to understand

My steps seem right, in my own view's span
But what Your gaze conveys, I fail to understand

At times I seek You in faith's bright light
At times I scatter in desire's demand, I fail to understand

When I was nothing, peace was at hand
Now that I exist, such unrest, I fail to understand

In every form, Your hidden face I scan
I search around in vain, I fail to understand

The artistry of this vast and divine plan
Leaves me amazed wherever I stand, I fail to understand

You are the summit of sacred command
Such matchless grace and art, I fail to understand

Even through all guidance, I've not reached Your land
What is it I still seek, O man, I fail to understand

Do I seek myself in God's command
Who am I, what is this journey's strand, I fail to
understand

अशआर अली

Pinch 8.

नज़्म
ये बड़े नसीब की बात है!!

[someone is in extreme state of gratitude]

मैं न था कभी, तूने साँस दी,
तूने नब्ज़ दी, आवाज़ दी,
तेरी मर्ज़ी से मेरी ज़ात* है,
ये बड़े नसीब की बात है,
ये बड़े नसीब की बात है!

मैं हूँ बशर*, तेरा शुक्रिया,
तू है समद, ज़ात-ऐ-बक़ा*
हर लम्हा तू मेरे साथ था,
हर लम्हा तू मेरे साथ है,
ये बड़े नसीब की बात है,
ये बड़े नसीब की बात है!

नूर-ए-नज़र* की तलाश दी,
तेरे हुक़्म ने यूँ तराश* दी,
ये वुजूद-ऐ-कायनात* है,
ये बड़े नसीब की बात है,
ये बड़े नसीब की बात है!!

ये ज़मीन दी, तूने राह दी,
तूने आसमाँ की पनाह दी,
मिले शम्स-ओ-कमर*, दिन-ओ-रात* है,
ये बड़े नसीब की बात है,
ये बड़े नसीब की बात है!

जो मिला नहीं, वो सवाब* था,
जो मिला वो तेरा हिसाब था,
तूने जो दिया, सौग़ात* है,
ये बड़े नसीब की बात है,
ये बड़े नसीब की बात है!

Pinch 8.

नज़्म
ये बड़े नसीब की बात है!!

[someone is in extreme state of gratitude]

तूने रूह दी, तेरा शुक्रिया,
तूने सोच दी, तेरा शुक्रिया,
मिली ज़िन्दगी की बिसात* है,
ये बड़े नसीब की बात है,
ये बड़े नसीब की बात है!

मेरे गिर्द* घर की दीवार है,
मेरा भी अपना वक़ार* है,
मेरे तन पे अपना लिबास है,
करम है, रिज़्क़-ऐ-शफ़ाअत* है
ये बड़े नसीब की बात है,
ये बड़े नसीब की बात हैत है!

तेरी नेमतों* के अंबार से,
लबरेज़* हूँ मै प्यार से,
के मेरे वालिदेन* मेरे साथ हैं,
ये बड़े नसीब की बात है,
ये बड़े नसीब की बात है!

भाई-बहन भी संभालते,
बच्चे भी हँसके पुकारते,
बावफ़ा* शरीक-ऐ-हयात* है,
ये बड़े नसीब की बात है,
ये बड़े नसीब की बात है!

इतना अता किया हुनर,
उसपर इनायतें अब ना कर,
मेरी अपनी क्या औकात है,
ये बड़े नसीब की बात है,
ये बड़े नसीब की बात है!

Pinch 8.

नज़्म
ये बड़े नसीब की बात है!!

[someone is in extreme state of gratitude]

के तेरे लिए ही झुके ये सर,
है नहीं कोई अगर मगर,
रोज़े से रहूं मैं माह भर,
और नीयत-ए-ज़क़ात* है,
ये बड़े नसीब की बात है,
ये बड़े नसीब की बात है!

गर तन्हा हूँ, तू पास है,
गर हैरां हूँ, तेरी आस है,
तेरे हाथ में मेरा हाथ है,
मेरे साथ में तेरा साथ है,
ये बड़े नसीब की बात है,
ये बड़े नसीब की बात है

ये उन्सियत*, तेरा शुक्रिया,
कैसे करूँ, तेरा शुक्रिया,
ये मुख़्तलिफ़* जज़्बात* है
ये बड़े नसीब की बात है,
ये बड़े नसीब की बात है!

हर रूह तुझ को पुकारेगी,
अपनी जान तुझ पे है वारेगी,
ऐसी अगर वफ़ात* है,
ये बड़े नसीब की बात है,
ये बड़े नसीब की बात है!
अशआर अली

Pinch 8.

It's a Blessing Beyond Measure

[someone is in extreme state of gratitude]

I was nothing till You breathed in me,
You gave my pulse, my melody,
My life became a treasured pleasure,
It's a blessing beyond measure,
It's a blessing beyond measure.

I'm but a man, I thank You, Lord,
You, the Eternal, sole accord,
Each breath I take, a sacred treasure,
It's a blessing beyond measure,
It's a blessing beyond measure.

You gave the quest for light and sight,
Your word refined my soul aright,
My being shaped by holy pressure,
It's a blessing beyond measure,
It's a blessing beyond measure.

You gave the earth, You showed the way,
You gave the skies for hearts to stay,
The sun and moon, divine in leisure,
It's a blessing beyond measure,
It's a blessing beyond measure.

What I lost was Your will's test,
What I gained was Your bequest,
All that I have reflects Your treasure,
It's a blessing beyond measure,
It's a blessing beyond measure.

You gave the soul, I'm filled with praise,
You gave the thought, my mind You raise,
This game of life, Your crafted ledger,
It's a blessing beyond measure,
It's a blessing beyond measure.

Walls surround my humble space,
You wrapped me deep in gentle grace,

My bread and cloth, Your loving gesture,
It's a blessing beyond measure,
It's a blessing beyond measure.

From Your bounty my heart o'erflows,
Your love within forever grows,
For parents' care, my sweetest treasure,
It's a blessing beyond measure,
It's a blessing beyond measure.

My siblings guard, my children call,
My faithful partner through it all,
This home of love, divine composure,
It's a blessing beyond measure,
It's a blessing beyond measure.

You gave such art, such sacred skill,
Enough, O Lord, my cup You fill,
I bow to You, my only Pleasurer,
It's a blessing beyond measure,
It's a blessing beyond measure.

For You alone my head shall bow,
No if, no but shall stop me now,
My fasts and alms, my soul's true ledger,
It's a blessing beyond measure,
It's a blessing beyond measure.

When I'm alone, You're close to me,
When I'm lost, Your light I see,
Your touch restores my heart's true pressure,
It's a blessing beyond measure,
It's a blessing beyond measure.

For this warmth, my thanks to You,
Each joy, each tear, feels born anew,
These tides of love, Your deepest treasure,
It's a blessing beyond measure,
It's a blessing beyond measure.

Each soul shall call upon Your name,
And give its life without shame,
If death be this, what greater pleasure,
It's a blessing beyond measure,
It's a blessing beyond measure.

अशआर अली

Pinch 9.

“माँ” कौन है?

माँ कौन है?
माँ जन्म देती है, माँ पालती है,
हम जैसे भी हों, माँ हमें संभालती है,
माँ हमारी हर एक सांस पहचानती है,
हम कुछ कहें, न कहें, माँ...सब जानती है।

माँ कौन है?
माँ पाक है, दमकता सोना है,
हमारी ख़ुश क़िस्मती, माँ का होना है।
हम जो भी हैं, माँ का ख़ून पसीना हैं,
माँ की दुआएं ही, क़ामयाबी का ज़ीना* है,

माँ कौन है?
माँ नब्ज़ है, माँ अक़्स* है
माँ उंस* है, माँ लम्स* है,
माँ चांद है, माँ शम्स* है।

माँ कौन है?
माँ हाथों से बरकत है, पैरों के तले माँ के जन्नत है,
ख़ुश-मिज़ाज, दिल से नवाज़, माँ अपने-आप में अज़मत* है।

जिसका ज़हन* और दिल आपसी बग़ावत करे,
उसे हिदायत* है के माँ के क़दमों की तिलावत* करे,
सेवा करें, हिफाज़त करें, किसी और से चाहे जितनी करें,
सबसे ज़्यादा अपनी माँ से मोहब्बत करें।

माँ ही सब कुछ है, फिर क्यों सदियों से "माँ" मौन है,
कभी कभी मैं सोचता हूं, आख़िर ये "माँ" कौन है?

इस बात का एहसास, शायद आज भी है बहुत दूर,
आप किसी से पूछिएगा मत, कुछ कहिएगा मत,
मगर....
माँ कौन है, इत्मीनान से आज सोचिएगा ज़रूर।।

अशआर अली

Pinch 9.

Who is a "Mother"?

Who is a Mother?
Mother gives life, Mother gives care,
No matter our flaws, Mother is always there.
She knows every breath, each silent call,
Whether we speak or not, Mother knows it all.

Who is a Mother?
Mother is pure, a shining gold ray,
Our luck is her presence, guiding our way.
Whatever we are, her sweat and blood define,
Mother's prayers alone build the ladder* to shine.

Who is a Mother?
Mother is the pulse, a mirrored face,
Mother is closeness, a gentle embrace,
Mother is the moon, Mother is the sun,
Her love and her light shine for everyone.

Who is a Mother?
From her hands flow blessings untold,
Beneath her feet, heaven's fold.
Joyful at heart, love in her art,
Mother herself is grandeur at every part.

When mind and heart rebel, unsure of the way,
Guidance tells us, recite Mother's steps each day.
Serve, protect, love whoever you might,
But love your Mother most, morning and night.

Mother is everything, yet silent through years,
I wonder sometimes, through laughter and tears,
Who is this Mother, both gentle and strong?
Think calmly today, her presence lifelong.

अशआर अली

Pinch 10.

आख़िर क्या है...

आख़िर क्या है...
जो मेरे अंदर चल रहा है,
कभी शरारत, कभी हिफ़ाज़त,
कभी मोहब्बत, कभी नफ़रत,
कभी उन्सियत, कभी दिखावा,
पल में बर्फ़, पल में लावा।

कुछ तो है जो मुझे रोक रहा है,
कभी पास आने से, और अक्सर दूर जाने से।
ये क्या है...
क्या ये मोहब्बत है, या सिर्फ़ फ़िक्र,
या फिर सिर्फ़ लगाव?
मगर, लगाव ही तो जन्म देता है फ़िक्र को,
और जिसकी फ़िक्र है, उसे मोहब्बत होना लाज़मी है।

फिर भी मैं सोचता हूँ,
अगर ये मोहब्बत वाकई है,
तो क्या ये उनसे है, या मुझसे अपने आप से है?

अगर मोहब्बत मुझसे अपने आप से है,
तो क्या ये मुमकिन नहीं कि ये लगाव कोई लगाव ना हो,
बल्कि हो महज़ एक डर, खुद को तकलीफ़ में डालने का।

तो फिर क्या ये मुमकिन नहीं कि ये मोहब्बत उनसे नहीं,
बल्कि मेरी कोई मजबूरी हो,
जिसे मैंने मोहब्बत समझ लिया,
मजबूरी उसके साथ रहने की, या उसे खोने की,
सिर्फ इसलिए कि मैं खुद तकलीफ़ में न पड़ जाऊँ,
क्योंकि खुद से मोहब्बत है मुझको??

अशआर अली

Pinch 10.

What Is It, After All...

What is this...
That stirs within me?
At times mischief, at times protection,
At times love, at times rejection,
Sometimes warmth, sometimes guise,
A moment of ice, a moment that fries.

Something holds me back each time—
Sometimes from coming close, and often from crossing the line.
What is it?
Is it love, or merely concern,
Or just attachment, waiting for its turn?

Yet attachment is what gives birth to care,
And whoever we care for, love is bound to be there.

Still, I wonder...

If this truly is love,
Is it for them, or for myself above?
If love is for me, for the self I know,
Could it be that this attachment doesn't really flow,
That it's just fear in disguise,
Of putting myself through pain I despise?

Then could it be that what I call love isn't love at all,
But a quiet compulsion, a subtle emotional thrall,
The need to be with them, or the fear of loss,
Just to save myself from paying that cost,
Because, deep down,
I'm in love... with myself.

अशआर अली

Pinch 11.

कुछ ज़हीन "अशआर"

बैठे-बैठे वक्त बदल जाए, क्या कहिएगा,
तुम मुस्कुरा दो दम निकल जाए, क्या कहिएगा

The time may change while we just sit and sway, what to say?
You smile and take my breath away, what to say?
-अशआर अली

जिसका दिल और ज़हन आपसी बगावत करे
उससे कहो के माँ के क़दमों की तिलावत करे।

He whose heart and mind rebel within,
Tell him to recite the steps where his mother has been.
-अशआर अली

एक नींव है, बुनियाद है, है सख़्त सब्र पर सादा है,
वो जो पीहर का आंगन थी, अब ससुराल की मर्यादा है।।

A foundation strong, a base of patient grace,
What once was her father's courtyard, now her in-laws' embrace.
-अशआर अली

दिल के गहरे घावों को, सब्र के लेप से साफ़ करें,
उसे फ़ैसला करने दें, आप हँसें और माफ़ करें।

Heal the heart with the balm that patience can give,
Let Him alone decide, while you smile and forgive.
-अशआर अली

Pinch 11.

कुछ ज़हीन "अशआर

इन मिलावटी जज़्बातों से कहीं जुदा न हो जाएं,
हम-तुम जो पाक हो जाएं, तो ख़ुदा न हो जाएं??

May we not part from the conscious and blended emotion,
For if we gain ultimate purity, we might forsake devotion.
-अशआर अली

अगर रिश्ते को जवाँ रखना पड़ता है,
कुछ फासला दिलों के दरमियाँ रखना पड़ता है।।

If a bond must stay young and alive,
A distance between hearts must survive.
-अशआर अली

प्यार मुकम्मल है, खामोशी ही ज़ुबान है जहां,
कोई ज़रा तलाश दे, प्यार लफ़्ज़ों में कहाँ!!

इज़्ज़त मिले, यकीन मिले, अज़मत दो-जहां
इश्क़ सिर्फ इश्क़ नहीं, इबादत है वहां

Love is complete where silence speaks as tongue,
Let someone try and find, where in words, it's sung.

Respect be granted, trust received, greatness from every span,
Love is not just love, it is worship, pure and grand.
-अशआर अली

Pinch 11.

कुछ ज़हीन "अशआर"

तुम्हारी सोच क्यों तुम्हारी मसरूफियत पर रोती है,
ज़रा गौर करो, बेचैनी तो सुकून में रहने से होती है।।

Why does your mind weep over your own busyness?
Pause and reflect, restlessness actually comes in stillness.
-अशआर अली

उठना है तो गिर जाओ,
संघर्षों से घिर जाओ

To rise, you must first face the fall,
Let challenges surround you, confront them all.
-अशआर अली

देखो ज़रा क्या राज़ है ये,
जश्न का आग़ाज़ है ये,
तस्वीरों में छुपी आवाज़ है ये,
खुशियों की मिठास है ये,
तोहफा....कुछ ख़ास है ये।।

See for a moment, what secret lies here,
This is the beginning of a celebration, clear.
A voice hidden within the pictures we share,
The sweetness of joy is floating in the air.
A gift...something truly rare.
-अशआर अली

सलीका, सलाह, भरोसा देकर नबी बन जाता है,
फिर यही ज़माना ज़रूरत पर अजनबी बन जाता है।

With guidance, trust, and counsel, one becomes a sage,
Yet the same sage turns stranger when needed on the stage.
-अशआर अली

Pinch 11.

कुछ ज़हीन “अशआर"

दिल बड़ा रखिये पर दिमाग भी खुला रखियेगा
व्यवहार सबसे रखियेगा पर मिला-जुला ही रखियेगा ||

Keep your heart big, but your mind open wide,
Treat everyone with care, let balance be your guide.
-अशआर अली

जिनके बिन इंसाँ है ख़ाक,
ज़हन, हुनर, शऊर, अख़लाक़

Without these, a human is mere clay,
Wisdom, skill, conscience, and morals show the way.
-अशआर अली

कदम यूँ ही चलते नहीं, एक जुनून जगाना पड़ता है,
हर मोड़ पर खुद को, थोड़ा और आज़माना पड़ता है।

No step moves on its own, a passion must ignite,
Test yourself at every turn, a little more might.
-अशआर अली

कब निकालना है, ये समझ आना चाहिए,
जब न समझ आए, तो निकल जाना चाहिए।।

Know when to exit, when to step away,
And if unsure, better to leave than stay.
-अशआर अली

Pinch 12.

जज़्बा -ए -हिन्द
भारत माँ - कहना बहुत ज़रूरी है

आज़ादी की गहराई को, समझना बहुत ज़रूरी है,
आज़ादी जहां अधिकार, वहां क्यों दिखती मजबूरी है,

दमन से मुक्ति मिली तो थी, पर अंतर में एक बंधन था,
एक शोर था, कोलाहल था, भ्रम था, सन्नाटों का क्रंदन था

इन सन्नाटों में, एक ही आस,
सांसों में बांध अपनी ही सांस,
जब "भारत माँ" सब कहते हैं,
विश्वास करो वो अंतर बंधन, क्रंदन बनके बहते हैं,

यदि हमें आज़ाद है रहना, जब तक धरा की धुरी है
तो हम जो "भारत माँ" कहते हैं, कहना बहुत ज़रूरी है,

आज़ादी सिर्फ़ लफ़्ज़ नहीं है, जज़्बातों में दिखती है,
भांति-भांति के धर्म यहां है, भिन्न भिन्न के व्यक्ति हैं,
ये भिन्न-भिन्न के व्यक्ति जिनको हर प्रकार की मुक्ति है,
यही विविधता में एकता, लोकतंत्र की शक्ति है।।

आज़ादी की गहराई को, समझना बहुत ज़रूरी है,
हम जो "भारत माँ" कहते हैं, कहना बहुत ज़रूरी है।।
अशआर अली

Pinch 13.

हिंदी सबकी साथी है

भारत माँ की सुंदरता में, जो माथे की बिंदी है,
जो वाणी से वीणा है, वो राष्ट्र की भाषा हिंदी है।

संस्कृत से उभरी है, जन-जीवन की थाती है,
वैदिक जड़ों से उपजी है, ये भाषा सबकी साथी है

ध्वनियों का विज्ञान समेटे, वर्णमाला सजी सरल,
व्याकरण की सादगी में, छुपा है एक तकनीकी बल

संस्कृत पावन धारा से, जन्मी जिसकी बानी है,
आर्यावर्त की गूंज है जिसमें, संस्कृति की निशानी है

देवनागरी लिपि में दिखता, छंदों का एक अद्भुत खेल,
इसने जो साहित्य रचा है, उसका कहीं नहीं है मेल।

एक मूर्धन्य साहित्यकार के जन्मदिवस पर मिला है मान
राष्ट्र-भाषा के स्वरूप में संविधान ने दी पहचान

साधु संतों की वाणी में, गूंजा है इस भाषा का स्वर,
महापुरुषों के शब्द-शब्द में, अति उत्तम इसका है असर

कवियों की वाणी से जब, बहता इसका राग है,
बुलंद स्वरों में भी शीतलता, का अनुभव अनुराग है

अमृतधारा से बहते, शब्दों से ताज़गी आती है,
शब्दकोष की ये व्यापकता, इसे विशाल बनाती है

जो भी इसको अपनाए, उसका उद्धार तो निश्चित है
हिन्दी भाषा के गौरव में, देश का भविष्य सुनिश्चित है

भाषाई विविधता में उत्तम अभिव्यक्ति साधन हिंदी
ये भाषा तो सरल विरल है, शाश्वत और पुरातन हिंदी

धरोहर ही तो है ये भाषा, हिंदी हिंद की भाषा है,
गर्व हमें इस भाषा पर हो, यही हमारी आशा है

भारत माँ की सुंदरता में, जो माथे की बिंदी है,
जो वाणी से वीणा है, वो राष्ट्र की भाषा हिंदी है।।
अशआर अली

Pinch 13.

Hindi – The Companion of All

In Mother India's glowing grace, it shines upon her face,
That "bindi" bright, that voice so sweet, Hindi holds that place.

From Sanskrit's womb it came to light, a legacy so pure,
Born of Vedic roots divine, to every heart it's sure.

With sounds that flow like science true, its script both neat and kind,
In grammar's gentle, simple folds, lies strength of modern mind.

From holy Sanskrit's sacred stream, its words took gentle birth,
Echoing through Aryavart, the heritage of this earth.

In Devanagari's written form, a rhythm rare unfolds,
The literature it brought to life, no other tongue beholds.

To honor a noble writer's birth, a nation made its stand,
Our Constitution gave Hindi its name across the land.

In saints' divine and sages' words, its echo softly rings,
In every thought of noble souls, this tongue of virtue sings.

When poets let their verses flow, its melody takes flight,
Its tones resound with warmth and peace, yet rise with fearless might.

Like nectar streaming down in words, it freshens every soul,
Its vast expanse of lexicons makes every meaning whole.

Whoever learns and loves this tongue shall surely rise with grace,
For Hindi's pride ensures our land a bright, enduring place.

Among all tongues that India holds, it stands serene and clear,
So simple, yet so timeless too, forever proud and dear.

A heritage, a nation's heart, this Hindi, India's own,
Let pride in her forever grow, in every mind be sown.

In Mother India's glowing grace, it shines upon her face,
That bindi bright, that voice so sweet, Hindi holds that place.

अशआर अली

Pinch 14.

भारत का वो संविधान है

लोकतंत्र का यही विधान है,
ना भेदभाव, सब एक समान है,
जो न्याय का प्रतिबिंब है,
गौरवशाली है, महान है,

भारत का वो संविधान है
भारत का वो संविधान है।।

जो हम सबकी आवाज़ है,
जो संस्कृति का मान है,
हमारी अद्भुत सभ्यता को,
जो देता एक पहचान है,
जो निष्ठा है, अभिमान है,
जो गर्व है, गुमान है

भारत का वो संविधान है,
भारत का वो संविधान है।।

आत्म-निर्भरता का चिह्न,
गणतंत्र की कमान है
जो हर पीढ़ी के लिए दिशा है,
नव-युग का प्रमाण है,
जो कठुर नहीं पर विदुर तो है,
जो वर्षों से जवान है

जो देश का सम्मान है,
भारत का वो संविधान है,
भारत का वो संविधान है।।

जहां आज़ादी का अधिकार है,
रक्षा का गुणगान है,
जहां लोकतंत्र है, प्रजातंत्र है,
नियम है, मतदान है,
नमन है उसको जिसका चेहरा
आज ये हिन्दुस्तान है

भारत का वो संविधान है,
भारत का वो संविधान है।।

अशआर अली

Pinch 15.

हिंदवी [उर्दू]
अशआर और अर्शान

[dedicated to my Son Arshaan]

मैं सख़्त, तू महीन है,
मैं ज्ञान हूं, तू दीन है,
मैं छोर, तू ज़मीन है,

मैं ज़हन में बसा हूं तो,
तू दिलों में लीन है,

मैं शहद में घुला हुआ,
पर छब तेरी नमकीन है,

मैं एक हूं, तू तीन है,
मैं ज़हन, तू ज़हीन है
मैं जितना समझदार हूं,
तू उतना ही हसीन है,

मैं तो बस शुरुआत हूं,
एक तू है, अंतहीन है,

मैं तजुर्बेकार,
तू नौजवां नवीन है

ये यथार्थ बात है,
मैं मेष हूं, तू मीन है।।
अशआर अली

Pinch 16.

कहीं का ना छोड़ा

बना के मुझको तूने, पर्दे से खुद को ओढ़ा,
ऐ खुदा! मुझको तो तूने कहीं का ना छोड़ा

शऊर दिया, महसूस किया,
ज़हन दिया तो सोच लिया,
पर दिल ने मिलने की ख्वाहिश में,
हर बार ही खुद को तोड़ा
ऐ खुदा! मुझको तो तूने कहीं का ना छोड़ा।

तू है तो क्यों है नहीं सामने,
देख ये कितनी उलझन है,
इतनी सीधी सच्ची बात को,
तूने किस मक़्सद से मोड़ा
ऐ खुदा! मुझको तो तूने कहीं का ना छोड़ा

जब सब कुछ होना तेरी रज़ा तो,
इस दुनिया का इफ़हाम बता,
तेरे इंसाफ़ों का मान बता, असबाब-ए-इम्तेहान बता,

जवाब जानने की जानिब से,
कहां कहां के इल्म को जोड़ा,
ऐ खुदा! मुझको तो तूने कहीं का ना छोड़ा

किससे पूछूं, कितना पूछूं, और क्यों पूछूं जब,
तू है कहीं पर,
ये अर्श से फर्श की पर्दादारी,
से क्यों बंदों का नाता तोड़ा,
ऐ खुदा! मुझको तो तूने कहीं का ना छोड़ा ।।

अशआर अली

Pinch 17.

निकहत

साथ तुम्हारा मिला जिसे, वो कैसे ना ख़ुश-क़िस्मत हो,
इस फूल जैसे रिश्ते की, तुम ही तो असली निकहत हो

तुम हाथों से बरकत हो, पैरों के तले तुम जन्नत हो,
ख़ुश-मिज़ाज, दिल से नवाज़, तुम अपने आप में अज़मत हो

इस मुस्कुराती रूह की, मुक़म्मल हर इक चाहत हो,
आने वाले कई सालों तक, ख़ुश-नसीब ये निकहत हो।।

अशआर अली

Pinch 18.

मेरा वक़ार

सुर्ख़ हर्फ़ से ख़त लिखा
वो इश्क़-ए- इश्तिहार था,

जब जब मैंने प्यार कहा,
वो प्यार नहीं, इज़हार था

पागलपन,दीवानापन,
बंजारापन, बेगानापन,

आवारगी बेसबब नहीं थी,
वो जुनून मेरा वक़ार था !!

अशआर अली

Pinch 19.

ये कैसी कोशिश है

ये कैसी कोशिश है, जिसमे वक़्त बर्बाद करना पड़ता है,
किसी को भूल जाना हो, तो उसे याद करना पड़ता है

माज़ी कभी अपना वजूद ज़हन से मिटने नहीं देता,
इस गिरफ़्त से ख़ुद को पल-पल आज़ाद करना पड़ता है
ये कैसी कोशिश है, जिसमे वक़्त बर्बाद करना पड़ता है,

क्या ये सच नहीं, जिंदगी भी वही ग़ज़ल सुनाती है..
जिसके शेर चुभते बहुत हैं, मगर इरशाद करना पड़ता है?
ये कैसी कोशिश है, जिसमे वक़्त बर्बाद करना पड़ता है|

अशआर अली

Pinch 20.

खिलखिला रहा हूं मैं

यूं ही नहीं खिलखिला रहा हूं मैं,
अपने ज़हन से उसे भुला रहा हूँ मैं

ख़ुशी के आँसू बता कर जिन्हें अपने,
दर्द-ए-ग़म के आँसू जला रहा हूँ मैं
यूं ही नहीं खिलखिला रहा हूं मैं

आइना भी उस दिन पूछ ही बैठा मुझसे,
कैसे!! ख़ुद से नज़र मिला रहा हूँ मैं,
बस ज़हन से उसे भुला रहा हूँ मैं

हँसता चेहरा लेकर मिलता हूँ इन दिनों वो क्या जाने,
वो मैं कहां, जिससे उन्हें मिला रहा हूं मैं
यूं ही नहीं खिलखिला रहा हूं मैं!

अशआर अली

Pinch 21.

नज़रें मिलाया करो

रोज़ आईने में ख़ुद से नजरें मिलाया करो,
थोड़ा झूठ को देखा करो, थोड़ा सच बतलाया करो।।

दिल को अपने इतना भी ना सताया करो,
ख़ता गर अपनों से हो, भूल जाया करो,ऐ डूबने के लिए, समंदरों की तरफ़ जाने वालों,
तुम तो चुल्लू भर पानी में ही डूब जाया करो।
रोज़ आईने में खुद से नजरें तो मिलाया करो।

चेहरों की खूबसूरती को वक्त चुरा ही लेगा,
चुराना है तो ख्यालों की खूबसूरती चुराया करो।
रोज़ आईने में खुद से नजरें मिलाया करो।

अब इतनी भी ना ज़ेहमतें उठाया करो
कभी कभी मेरे *"अशआर"* गुनगुनाया करो
बस रोज़ आईने में ख़ुद से नजरें मिलाया करो।।

अशआर अली

www.ingramcontent.com/pod-product-compliance
Lightning Source LLC
LaVergne TN
LVHW022021200926
848481LV00007B/2468
* 9 7 8 1 8 0 7 1 5 5 7 9 7 *